AF370945

INTERMEDES

EN MUSIQUE,

QUI SERONT CHANTEZ

A LA TRAGEDIE

D'ANNIBAL,

SUR LE THEATRE

DU COLLEGE

DE LOUIS LE GRAND.

Mercredy 30. de Janvier, à deux heures aprés midy.

A PARIS,

De l'Imprimerie de LOUIS SEVESTRE, ruë
des Amandiers, au Mont S. Hilaire.

M. DCC. IV.

ACTEVRS
DV PROLOGVE.

LA SEINE.

FLEVVES DE FRANCE.

L'EBRE.

FLEVVES D'ESPAGNE.

NEPTUNE.

LES VENTS.

UN TRITON.

UN ZEPHIR.

La Scene est dans le Palais de Neptune.

PROLOGUE.

SCENE PREMIERE.

LA SEINE.

ICY le Dieu des Mers, icy les Nereïdes
Ont fixé leur féjour dans ces grottes humides.
   Tous leurs fujets jufqu'aux moindres Ruiffeaux
Conduifent en ces lieux le tribut de leurs Eaux.

   Pour moy, quoy qu'en fuperbe Reine
Je coule avec lenteur dans l'Empire des Lys,
  Je n'ai pas crû mes honneurs avilis
   Si l'on voyoit auffi la Seine
Reverer de fon Dieu la grandeur fouveraine.
   L'Ebre doit bien-tôt à fon tour
Au puiffant Dieu des Eaux venir faire fa cour :
Je l'attends.... j'apprendrai l'agreable nouvelle
Que l'Ibere à fon Roy fera toûjours fidelle :
   On vient.... j'entends l'Ebre à fa voix,
Il chante le Heros dont l'Efpagne a fait choix ;
Pour le chanter auffi je fens le méme zele.

A

SCENE SECONDE.

LA SEINE, L'EBRE.

L'EBRE.

Heureux, heureux le fort
Des Peuples qui l'ont vû naître ;
Mais cent fois plus heureux encor
Ceux qui l'ont pour Maître.

LA SEINE.

Fleuves qui coulez fous fes loix,
Celebrez à l'envy le plus grand de vos Rois.

L'EBRE.

Par des cris, par des chants que chacun fe fignale,
Chantez le fort brillant d'un Prince glorieux ;
Qu'il rende à l'Univers fon Pere & fes Ayeux,
Et s'il fe peut qu'il les égale.

Chœur des Fleuves de France & d'Efpagne.

Par des cris, par des chants que chacun fe fignale,
Chantons le fort brillant d'un Prince glorieux ;
Qu'il rende à l'Univers fon Pere & fes Ayeux,
Et s'il fe peut qu'il les égale.

LA SEINE.

Parthenope calmée éprouva fa douceur,
Le Pô rougi de fang a fenti fa valeur :
Mais j'apperçois Neptune.
Portons au Roy des Mers une plainte commune.

SCENE

SCENE TROISIE'ME.

NEPTUNE, UN TRITON, LA SEINE, L'EBRE, LES ZEPHIRS.

L'EBRE, & LA SEINE.

Dieu protecteur de l'Equité,
De Vaisseaux rassemblez tu vois l'onde couverte,
D'un Roy que tu cheris on conjure la perte ;
Punis de ses rivaux la jalouse fierté.

LA SEINE.

En faveur de LOUIS prends en main sa défense,
Soûtiens de ton Trident ses droits & sa puissance ;
Que malgré les efforts d'un superbe Ennemi,
Il demeure à jamais sur son Trône affermi.

NEPTUNE & L'EBRE.

Dissipez
Dissipons } l'appareil d'une sanglante guerre,

Brisez
Brisons } de son rival, dispersez
dispersons } les Vaisseaux.

NEPTUNE.

Qu'il commence en ce jour d'éprouver sur les Eaux
Le destin que le Ciel luy reserve sur terre.

Vents furieux déchaînez-vous,
Détruisez, renversez un projet temeraire :
Que les Rivaux jaloux
Du Heros qui m'a sçû plaire
Ressentent ma colere :

B

Que mille Eclairs
Percent les airs,
Que d'affreux orages
Surmontent les rivages,
Que mes flots ouverts
Découvrent jusqu'aux Enfers.

CHOEUR DES VENTS.

Déchaînons-nous, Déchaînons-nous,
Détruisons, renversons un projet temeraire,
Que les Rivaux jaloux
Du Heros qui m'a sçû plaire
Reffentent ma colere :
Que mille Eclairs
Percent les airs,
Que d'affreux orages
Surmontent les rivages,
Que mes flots ouverts
Découvrent jusqu'aux Enfers.

NEPTUNE.

On m'obeït.... j'entends fremir mon onde,
Les vents font déchaînez ; les mourans & les morts
Par les flots écumans font pouffez fur mes bords :
Tout s'arme pour fervir le plus grand Roy du monde.

Il eft vangé.... calmons les flots ;
Vents terribles, rentrez dans vos fombres cachots :
Qu'il ne foit permis qu'au Zephire
D'agiter l'air de mon Empire.

UN TRITON.

Regnez, regnez jeunes Zephirs,
Regnez fur ces heureux rivages,

Ne pouſſez jamais de ſoûpirs
Que pour écarter les orages ;
Cherchez d'innocens plaiſirs
En d'innocens badinages.

SECOND COUPLET.

Volez au gré de vos deſirs
Toûjours legers, toûjours volages ;
Ne pouſſez jamais de ſoûpirs
Que pour écarter les orages ;
Cherchez d'innocens plaiſirs
En d'innocens badinages.

UN ZEPHIRE.

Le Printemps ſuit toûjours nos pas,
Les Dieux & les hommes
Cheriſſent nos appas :
Tout fleurit aux lieux où nous ſommes,
Tout ſeche, tout languit où nous ne ſommes pas.

SECOND COUPLET.

Nous calmons la Terre & les Mers ;
Au bord des fontaines
Nous parfumons les airs :
Tous les ans nos douces haleines
Ramenent les beaux jours, & chaſſent les hyvers.

NEPTUNE.

Partez Fleuves, partez, que rien ne vous retienne ;
Coulez Ruiſſeaux, volez Zephirs :
Commencez d'établir entre l'Ebre & la Seine
Un commerce éternel de gloire & de plaiſirs.

CHOEUR.

Coulez Ruiſſeaux, volez Zephirs,
Commencez d'établir entre l'Ebre & la Seine
Un commerce éternel de gloire & de plaiſirs.

ACTEVRS.

APOLLON.

CALLIOPE & *LES MVSES.*

PAN.

LES SATYRES.

MIDAS.

IOLAS *Confident de Midas.*

DRYADES.

LES ROSEAVX & LES ECHOS.

La Scene est sur les bords du Pactole.

MIDAS.

MIDAS·
PREMIER INTERMEDE.

SCENE PREMIERE.

APOLLON, LES MUSES.

RRESTONS un moment sur ces charmantes rives
Que le Pactole arrosé de ses Eaux,
Icy le Dieu des Bois vient souvent aux Roseaux
Redire ses chansons plaintives.

Syrinx aprés son changement
Méprise encor sa voix & rit de son tourment ;
Cependant il m'insulte, & porte son audace
A vouloir me ravir les honneurs du Parnasse :
Muses, vous qui chantez les Heros & les Dieux,
Preparez vos concerts les plus melodieux.
CHOEUR DES MUSES.
Chantons les Heros & les Dieux,
Preparons nos concerts les plus melodieux.
APOLLON.
Que Pan, que ses Satyres
Soient jaloux de vos chants nouveaux :

Que les doux accords de vos lyres
L'emportent sur leurs chalumeaux.

APOLLON.

Mais j'entends le son des Musettes ;
Ecoutons.... le Dieu des Forêts
Vient troubler nos chansons par de tristes regrets ;
Cachons-nous un moment dans ces sombres retraites.

Le Chœur des Muses repete
les quatre Vers precedens.

SCENE SECONDE.

PAN, LES SATYRES.

PAN.

SYrinx n'est plus : Deserts qui m'écoutez,
Je vous dis mes chagrins pour être repetez.
Que les Zephirs sur leurs aîles
Portent mes soûpirs en tous lieux :
Que mes lugubres cris, que mes douleurs mortelles
Arrivez jusqu'au Ciel y fatiguent les Dieux
Auteurs de mes peines cruelles.
Syrinx n'est plus : Deserts qui m'écoutez,
Je vous dis mes chagrins pour être repetez.

Oyseaux dans vos chansons nouvelles
Mêlez le nom de Syrinx mille fois ;
Que tous les hôtes de ce bois
Le chantent aux Echos fidelles.

UN SATYRE.

Pourquoy vous consommer en des pleurs superflus ?

PAN.

Helas ! Syrinx n'est plus.

UN SATYRE.

Quittez, quittez une vaine tristesse,
Syrinx changée en d'utiles roseaux
Fournit à nos concerts des instrumens nouveaux :
Chantez, dansez, qu'une douce allegresse
Se ranime en tous lieux au son de nos pipeaux.

CHOEUR.

Quittons, quittons une vaine tristesse,
Meslons à nos concerts des instrumens nouveaux :
Chantons, dansons, qu'une douce allegresse
Se ranime en tous lieux au son de nos pipeaux.

PAN.

Qu'Apollon nous cede la gloire
Du chant le plus harmonieux.
Je le vois.... c'est luy-mesme.... il paroît à mes yeux.

SCENE TROISIE'ME.

APOLLON, LES MUSES, PAN, LES SATYRES.

APOLLON.

JE viens vous disputer une illustre victoire ;
Assez depuis long-temps vous & vos demy-Dieux
M'usurpez le noble avantage
Que le sort à moy seul sçut donner en partage.

PAN & APOLLON.

Non vous ne m'échaperez pas,
De nos chants à l'envy que ce bois retentisse ;
Dans un combat reglé terminons nos debats,

Qu'un Juge entre nous les finiſſe,
Pour moy je choiſis Midas.

SCENE QUATRIE'ME.

APOLLON, LES MUSES, PAN, LES SATYRES, MIDAS.

MIDAS.

JE preſte à vos chanſons une oreille attentive,
 Trop honoré d'un ſi beau choix :
  Le Fleuve qui coule en ce bois
 Vient d'arreſter ſon onde fugitive
  Pour entendre vos voix :
Commencez Apollon, qu'à ſon tour Pan vous ſuive,
Eſſayez à l'envy vos luths & vos hautbois.

EGLOGVE.
APOLLON.

 Loin d'icy peuple temeraire,
Mes chants ne ſont pas faits pour le ſimple vulgaire ;
Chantre des Immortels, Interprete des Dieux,
 Je prends mon eſſor vers les Cieux.

Jupiter d'un regard peut ébranler la terre,
L'univers en tremblant doit reverer ſes loix :
 Quand il fait gronder ſon tonnerre
L'épouvante & l'effroy ſaiſit le cœur des Rois.
Il eſt grand par l'éclat de ſon pouvoir ſupréme,
 Et plus grand encor par luy-meſme ;

Ame de l'univers il regle les ſaiſons,
L'air & les Cieux ſont pleins de ſa preſence ;

C'eſt

C'eſt par luy que nous joüiſſons
Des fruits d'une heureuſe abondance :
Chantons le Roy des Dieux, celebrons ſa puiſſance,
Nous commençons par luy, par luy nous finiſſons
Nos jeux & nos chanſons.

PAN.

Laiſſons aux plus grands Dieux leur demeure brillante,
Les bois ſont le ſéjour
De Pan & de ſa Cour.
Goûtons la paix charmante
Que l'innocence y produit nuit & jour.

Jupiter en vain ſur nos teſtes
Fait gronder un moment la foudre & les tempeſtes :
Le calme revenu, ſous ces feüillages verds,
Fait place à nos concerts.

CHOEUR DES SATYRES.

Laiſſons aux plus grands Dieux leur demeure brillante,
Les bois ſont le ſéjour
De Pan & de ſa Cour.

PAN.

Que ces bois, que leur verdure
Ont pour moy d'attraits !
Icy la nature
Prodigue ſes bienfaits.
Il n'eſt permis qu'à l'onde pure
De troubler par ſon murmure
Le ſilence & la paix
Qui regne en nos foreſts.
Que ces bois, que leur verdure
Ont pour moy d'attraits !

D

CALLIOPE.

Pour chanter un Heros j'embouche la trompette,
Taisez-vous foible musette.

Un Roy cheri du Ciel & reveré des siens,
S'il prend la foudre en main c'est Jupiter luy-mesme;
C'est Apollon, lors qu'il répand les biens
D'une tranquille paix que sa douceur extréme
Redonne aux besoins des vaincus:
Il vange avec éclat l'honneur du Diadéme,
Il calme son courroux, & ne s'en souvient plus,
Il est au comble des vertus,
Plus on le craint & plus on l'aime.

Que son illustre sang donne par tout des loix,
Qe son nom respecté dans l'un & l'autre Monde
Vole sur la terre & sur l'onde :
Chantons, redisons cent fois,
Il est l'appuy, l'exemple, & le Pere des Rois:

UN SATYRE.

Souvent dans leur grandeur les Rois emprisonnez
Esclaves de leur gloire en sont importunez.

L'heureux destin d'un Satyre
C'est de vivre sans ennuy,
De chanter, sauter, & rire
Toûjours aux dépens d'autruy :
Jupiter dans son empire
Vit-il plus heureux que luy?

PAN & UN SATYRE.

Coulons, coulons la vie
Sans crainte & sans desirs,

La grandeur eſt toûjours ſuivie
De trouble & de ſoûpirs ;
Le plus grand de tous les plaiſirs
C'eſt de les goûter ſans envie.

APOLLON & PAN à Midas.

Jugez-nous, prononcez d'équitables arreſts.

MIDAS.

Je donne à Pan la preference ;
Je crains plus les Heros, j'aime mieux les foreſts.

APOLLON.

Stupide.... à l'inſtant méme éprouve ma vangeance.

PAN.

D'un juſte jugement attends la recompenſe.

SECOND INTERMEDE.

SCENE PREMIERE.

MIDAS.

Présent fatal, rigoureux châtiment,
  Vous m'accablez également.
Je reconnois trop tard mon extréme imprudence.
  Dieux, vous deviez par des refus discrets
   Tromper ma folle esperance,
Ou ne pas écouter de nuisibles souhaits.
Les presens de Bacchus & les dons de Cerés,
Tout devient en mes mains une masse pesante :
   Le vin le plus delicieux
Sur mes lévres paroît une liqueur brillante,
   Et se change en or à mes yeux :
Au milieu de ces biens ma vie est languissante.

   Helas les Phrygiens surpris
Viennent en foule admirer ces merveilles,
   Et moy, leur Prince, je peris !
Pour surcroît de malheur j'apperçois mes oreilles
   S'allonger à tout moment :
  Présent fatal, rigoureux châtiment,
   Vous m'accablez également.

Trop cruel Apollon que ta vangeance est prompte !
  Rochers, deserts, sombres forêts,

Dérobez

Dérobez ma disgrace aux yeux de mes sujets,
Et soyez desormais seuls témoins de ma honte :
Present fatal, rigoureux châtiment,
Vous m'accablez également.

SCENE SECONDE.

MIDAS, IOLAS.

IOLAS.

DE quoy vous plaignez-vous ? que faut-il davantage,
Seigneur, pour contenter vos vœux ?
Les Dieux vous donnent en partage
Ce qui rend les mortels heureux.

Avec l'or on peut tout faire,
Avec l'or on peut tout tenter ;
Vous plairez si vous voulez plaire,
Rien ne pourra vous resister :
Toûjours heureux dans la guerre,
Vainqueur sur mer & sur terre,
Vous allez tout surmonter :
Les exploits ne coûtent guere,
Avec l'or on peut tout dompter.

MIDAS.

Apprens mon infortune extréme,
Et ne me vante plus un frivole bonheur ;
Un Dieu jaloux, un Dieu vangeur
M'a fait tomber de ma grandeur supréme,
Il ne m'est pas permis de cacher mon malheur :
Helas ! j'en rougis moy-mesme,

E

Les honteux instrumens qui causent ma douleur
Se produisent aux yeux malgré mon diadéme.

Je prévois que mes sujets
Vont mépriser mes loix et mon empire :
Que loin d'aitirer leurs regrets
Ma disgrace les fera rire :
Je confie à toy seul ces importans secrets,
Garde-toy de les dire.

SCENE TROISIE'ME.

IOLAS *seul.*

LA dure loy
Qui m'oblige à me taire !
C'est demander de moy
Plus que je ne puis faire :
Ah qu'un secret
Est une charge pesante !
Qu'il coûte cher d'estre discret !
Je n'en puis plus, c'en est fait ;
L'avanture est trop plaisante,
Il faut que je me contente
Du moins pour cette fois.
Tout est sourd dans ces bois,
Leur silence est sacré, je n'y vois nul prophane
Qui puisse rire aux dépens de Midas :
Roseaux je m'ouvre à vous, ne me trahissez pas ;
Midas a des oreilles d'asne.

CHOEUR DES ROSEAUX.
Midas a des oreilles d'afne.

SCENE QUATRIEME.

PAN, MIDAS, LES SATYRES, LES DRYADES.

PAN.

QUe Pan triomphe & Midas avec luy:
Apollon eft vaincu, celebrez ma victoire,
Je la tiens de Midas, qu'il ait part à ma gloire,
Avec le Dieu des bois qu'il triomphe aujourd'huy.

CHOEUR.

Que Pan triomphe & Midas avec luy:
Repetons des chants de victoire,
Que Midas ait part à la gloire,
Avec le Dieu des bois qu'il triomphe aujourd'huy.

DEUX DRYADES & UN SATYRE.

Dans ces lieux à l'ombre des heftres,
Nous formons des concerts champeftres:
Nous repetons cent fois, fans ceffe nous difons,
Pan le feul Pan eft le Dieu des chanfons.

Paffacaille.

UN SATYRE.

Affis aux bords d'une claire fontaine
Nous méprifons les fources d'Hypocrene:
Bacchus joint avec nous dans ce charmant vallon
Nous infpire des airs plus touchans qu'Apollon.

CHOEUR.

Dans ces lieux à l'ombre des heftres
Nous formons des concerts champeftres,

Nous repetons cent fois, sans cesse nous disons,
Pan le seul Pan est le Dieu des chansons.

PAN.

De mon nom que l'Echo retentisse,
Que Syrinx à ma gloire applaudisse,
Que le nom de Midas chanté par les Roseaux
Soit redit mille fois dans le chant des oiseaux.

Petit Chœur des Roseaux & des Echos.

Midas a des oreilles d'asne.

PAN.

Ecoutons tous. . . . l'Echo se mesle à nos concerts.

LES ROSEAUX & LES ECHOS.

Midas a des oreilles d'asne.

MIDAS.

Helas ! à quels chagrins le destin me condamne !
Ma honte & mes secrets ont été découverts :
Je suis trahi... ces bois, tout se change en organe
Pour m'insulter jusqu'en ces lieux deserts.

UN SATYRE.

Cessez une plainte importune,
Le present d'Apollon n'a rien de si fatal :
Si vôtre disgrace est un mal,
La disgrace est assez commune.

SECOND COUPLET.

En tous lieux les Rois font la mode,
La vôtre va regner en cent climats divers ;
Sur tout pour le temps des hyvers
La parure est assez commode.

SCENE

SCENE DERNIERE.

MIDAS *seul.*

Ciel, à quel defefpoir ta fureur m'a livré !
Aux Dieux, à mes fujets devenu méprifable,
Dans l'ombre de ces bois je me fuis retiré,
Des Rofeaux, des Zephirs j'y fuis encor la fable,
Contre moy l'univers femble avoir confpiré.
    Mort ! viens finir mon deftin déplorable.

Du commerce des Dieux je fus trop ennyvré,
Le don que j'en reçus m'a rendu miferable,
Par la faim, par la foif je me fens dévoré :
Ciel ! à quel defefpoir ta fureur m'a livré !

Pactole, à mes douleurs montre-toy fecourable !
Engloutis dans tes flots un Roy defefperé :
Puiffes-tu profiter du malheur qui m'accable,
Et couler deformais fur un fable doré.

CHANTERONT

DANS LE PROLOGUE

Les Rôles

De NEPTUNE,		HARDOÜIN.
De LA SEINE,		MANSIENNE.
De L'EBRE,	*Messieurs*	LE DUN.
De TRITON,		COCHEREAU.
Du ZEPHIRE,		CHOPLET.

DANS LES INTERMEDES

Les Rôles

D'APOLLON,		HARDOÜIN.
De CALLIOPE,		CHOPLET.
De MIDAS,		LE DUN.
De PAN,	*Messieurs*	COCHEREAU.
D'UN SATYRE,		CHOPLET.
D'IOLAS,		MANSIENNE.

La Musique est de la Composition de M. de la Chappelle.